DISCOVRS AV ROY

SVR L'ESTABLISSEMENT
d'vne seconde Academie dans
la Ville de Paris.

*PAR Messire FRANÇOIS HEDELIN,
Abbé d'Aubignac.*

A PARIS,
Chez IACQVES DV BRVEIL, Place de Sorbonne,
proche le College de Cluny.
ET
PIERRE COLLET, au Palais, dans la Gallerie des
Prisonniers, à l'Image S. Martin.

M. DC. LXIV.
AVEC PRIVILEGE DV ROY.

DISCOVRS
AV ROY

SVR L'ESTABLISSEMENT
d'vne seconde Academie dans la Ville
de Paris.

S IRE,

LES Royales pensées de VOSTRE MA-
JESTE' qui vous occupent seul & tout

entier au gouuernement de Voſtre Eſtat, &
qui vous ont fait prendre les armes pour la
deffenſe de l'Empire Chreſtien, m'ont tenu
long-temps la bouche fermée, ſans oſer vous
demander vne grace qui neantmoins n'a
point d'autre but que la gloire immortelle
de voſtre Nom; & i'apprehende encore que
parmy tant d'affaires ſi grandes & ſi importantes, des vœux innocents & pleins de reſpect ne deuiennent importuns & temerai-
res.

Mais les empreſſemens d'vn nombre aſſez
conſiderable de vos ſujets qui ſe ſont vnis
pour conferer enſemble de leurs êtudes &
conſacrer à V. M. tous les fruits de leurs
veilles, ne me permettent plus de demeurer dans le ſilence, & de leur refuſer mon
miniſtere pour mettre au iour les impatien-
ces de l'honneſte deſſein qui les fait agir. Ils
ſe ſont perſuadez que les Muſes ne ſont
point des Coquetes qui puiſſent diuertir vn
Monarque de l'amour qu'il a pour ſes Peuples, que leur voix n'eſt point incompatible auec le bruit de ſes armées, & qu'elles
ne ſont pas indignes de l'approcher au milieu de ſes plus nobles & plus laborieuſes
entrepriſes. Et comme la liberté qui les fait

parler ne leur eſt inſpirée par aucun autre intereſt que le zele de voſtre ſeruice, ils ſe promettent de voſtre bonté Royale, qu'ils entretiendront V. M. ſans luy déplaire, & qu'ils en ſeront heureuſement écoutez.

SECTION I.

LES Livres Sacrez qui contiennent les regles de la bonne Politique, comme vne dependance des veritez adorables de la Religion, nous apprennent que Dieu ſe fait nommer le Maître des Sciences auſſi bien que le Seigneur des Armées, & que pour rendre vn Eſtat floriſſant vn Prince n'eſt pas moins obligé d'en chaſſer l'ignorance par le ſoing des belles lettres, que d'en fermer l'entrée à ſes Ennemis par les trauaux de la guerre. Auſſi eſt-il vray qu'elles ne ſont pas des ornemens infructueux & des entretiens ſeulement agreables pour ceux qui viuent dans le ſilence & dans la tranquilité de leurs meditations; elles ne peuuent eſtre aimées des Souuerains & ſoûtenuës de leur autorité, qu'ils n'en reçoiuent vne infinité de faueurs auſſi dignes d'eſtre recherchées pour la grandeur de leur puiſſance, que pour le bien de leurs Sujets. Et c'eſt pour cela que Dieu menace du feu de ſon indignation les

A iij

Chefs des Republiques, qui negligent de les cultiuer. Qu'il dépoüille du sacerdoce & du ministere de ses autels, ceux qui les rejettent; qu'il regarde en fureur les Magistrats ignorants qu'il nomme des loups de la nuict, plus hardis à mal-faire par les tenebres qui ne leur mettent en veuë que leur proye; Il veut qu'vn petit nombre de soldats pour vaincre leurs Ennemis sous Gedeon, tiennent en leurs mains des flambeaux allumez auec des vases de terre, pour nous faire entendre que la victoire est l'ouurage d'vne ame éclairée des hautes connoissances dans vn corps de matiere fragile ; & quand il prepare le dernier mal-heur des Peuples, il commence par leur aueuglement, non pas des yeux, mais de l'esprit, en les priuant des lumieres de la doctrine.

SECTION II.

MAIS pour n'en pas demeurer à des considerations si generales, V. M. peut faire cette reflexion importante & veritable, que les Sciences n'instruisent pas seulement en l'art de bien commander, elles donnent aussi les regles necessaires pour bien obeïr. Ce n'est pas seulement où les Princes peuuent apprendre à bien gouuerner vn

Eſtat , à proteger les gens de bien , à punir les coupables , à maintenir la ſocieté publique , à faire la guerre auec Iuſtice & la paix auec auantage , à bien vſer de leur puiſſance & de leurs victoires : C'eſt encore où les peuples doiuent apprendre leur deuoir ; c'eſt où les maximes des Philoſophes & l'hiſtoire des ſiecles paſſez leur font connoître tout enſemble la grandeur de leurs Roys & la neceſſité de leur eſtre bien ſoûmis. Ce ſont les Sçauans qui connoiſſent & qui diſent que les Souuerains ſont les images ſenſibles du Dieu viuant , ou pour parler aux termes de l'Eſcriture Sainte , qu'ils ſont les Dieux viſibles de la terre ; que iamais on ne peut violer le reſpect qui leur eſt deub , ſans bleſſer les ordres de la Prouidence Diuine ; & que nous n'auons pas plus de droit d'examiner leurs volontez , que de contredire leur établiſſement qui n'a point d'autre principe que la main toute-puiſſante de l'Eternel. Ce ſont eux , auſſi bien que l'experience , qui nous apprennent que le plus grand de tous les maux qui puiſſe accabler les Peuples , qui fait tomber tous les fleaux de Dieu ſur leurs teſtes , & qui les afflige plus long-temps , c'eſt la reuolte contre leur Prince legitime ;

parce que ſelon la loy de l'Euangile, c'eſt le plus grand de tous les crimes, qui ſeul en contient vne infinité d'autres, & dont les effets ne ceſſent pas toûjours par les graces ny par les châtimens : De ſorte que ſe familiariſant toutes ces veritez, ils s'attachent volontairement à l'obſeruance de leurs obligations. La Vertu eſt toûjours aimée de ceux qui la connoiſſent bien, & ſa beauté qui porte leur deuoir peint ſur ſon viſage, leur inſpire vne ſecrete & ſainte perſuaſion de ne s'en départir iamais : Ils l'annoncent meſme aux autres, ils leur impriment dans le cœur les meſmes ſentimens, & les engagent dans vn intereſt commun, en leur faiſant part des lumieres qu'ils ont acquiſes dans l'obſcurité de leur retraite. Ainſi les Roys en conſeruant dans leur Eſtat l'étude des Sciences, donnent inſenſiblement à leurs Peuples des chaînes, mais des chaînes dorées, qui leur plaiſent, & ne leur peſent pas, qui les retiennent dans l'obeïſſance ſans les tenir eſclaues : Et s'il arriue que les paſſions qui ſurprennent quelquefois les plus ſages, emportent l'eſprit de quelques-vns de leurs Sujets, & les faſſent écarter de leur deuoir, ils y reuiennent bien-toſt ; ce ſont des tenebres

qui

qui se dissipent aisement ; l'erreur cede à la
verité qu'ils ne sçauroient démentir , & le
desordre à la vertu qui n'abandonne iamais
vne ame dont elle s'est vne fois renduë maî-
tresse. Enfin les Sciences sont dans vn Estat
comme des échos inuisibles qui repetent in-
cessamment les saintes maximes de la sagesse,
& dont la voix de tous costez épanduë in-
struit les ignorants à bien respecter leurs
Princes , confirme ceux qui doutent de ce
qu'ils ont à faire , & rappelle incessam-
ment ceux qui s'estoient égarez.

AV seruice des Souuerains elles ont
accoûtumé, SIRE, d'adjouster des
contentements publics, que V. M. n'enuie-
ra point à ses Sujets. Où peut-on trouver
vne plus douce satisfaction que dans cette
communication reciproque de pensées , de
raisonnements, & d'experiences que les Sçauants entretiennent toûjours les vns auec les
autres ? Quelle ioye peut égaler celle de sçauoir les choses passées , & de les auoir retirées
de l'abysme des temps ; d'acheuer ce que d'autres n'ont fait que commencer , & de trouuer ce que l'on estimoit perdu pour iamais ; de découurir des erreurs qui durant

SECTION III.

B

plusieurs années ont abusé tout le monde, & de preparer à la posterité des connoissances qui la rauiront ? Que les Souuerains ouurent la porte à toutes les voluptez, qu'ils fassent venir toutes celles des Païs estrangers, qu'ils promettent des recompenses à ceux qui pourront en inuenter de nouuelles, iamais elles n'égaleroient toutes ensemble celles que la societé des Muses peut insinuer dans les ames bien nées : Celles-là ne seroient que momentanées, & celles-cy n'ont point de fin ny d'interruption ; celles-là sont presque toûjours honteuses parce qu'elles sont presque toûjours criminelles; & celles-cy apportent toûjours de l'honneur parce qu'elles sont toûjours innocentes; celles-là sont bien souuent l'origine de grands desordres qui troublent & qui renuersent les Estats, & celles-cy ne se goustent que dans le repos & parmy des conuersations tranquilles; la possession de celles-là commence toûjours la punition de ceux qui les prennent auec emportement, & celles-cy ne peuuent dans leur excez faire autre chose que la felicité de ceux qui les possedent. Enfin ces mauuais plaisirs détruisent le corps, affoiblissent les sens, &

font perdre la raiſon ; au lieu que les autres
qui ſuiuent le trauail des lettres , ſanctifient
le corps , épurent les ſens , perfectionnent la
raiſon , & portent l'ame dans vne ſingulie-
re participation de la Diuinité.

Ce n'eſt pas que ces honneſtes plaiſirs
ſoient bornez en la perſonne des Sçauants,
ils les font paſſer en tous les autres , ils n'en
ſont pas ialoux , & ne les refuſent iamais au
public ; tant d'actions oratoires , & tant de
riches écrits , tant de conferences ouuertes à
tous ceux qui veulent y prendre part, & tant
de diſcours celebres ne font pas ſeulement
la ſatisfaction des eſprits les plus eſleuez , ils
ont auſſi des charmes ſenſibles pour les derniers étages du Peuple ; tous y courent auec
empreſſement , & tous en remportent des
contentements qu'ils ne rencontrent point
ailleurs ; Ils en font par tout leur entretiens,
ils en font meſme leurs occupations ordinai-
res ; & quand ils perdent quelque fameux
Orateur ou quelqu'vn de ces doctes Ecri-
uains, il leur ſemble que l'on a retranché du
corps de l'Eſtat quelque membre auſſi glorieux que neceſſaire , & qu'il eſt tombé quelque pierre pretieuſe de la Couronne de leurs
Roys. Et voyla comment vn ſage Prince

en mettant les Lettres en credit, peut contribuer au bon-heur de tout vn peuple, fans épuifer fes Finances, fans rien mendier des Eftrangers, & fans trauailler à de nouuelles conqueftes.

ECTION IV. **E**ST-IL pas certain que la Politique qui fert au gouuernement des Eftats & qui les a formez, eft vn don que les Mufes leur ont fait? C'eft par leur fecours que les hommes ont efté retirez des antres obfcurs, & des forefts pour viure en focieté dans l'enceinte des mefmes murs, & qu'ils ont paffé d'vne vie fauuage dans vne politeffe foûtenuë de la vertu, de l'honneur, & d'vne mutuelle affiftance en tous leurs befoins. C'eft cette Science de bien gouuerner qui fait les bonnes loix, & qui les maintient, qui diftingue les manieres d'agir felon la differente humeur des Peuples, qui regle leurs affaires & leur oyfiueté, qui difpofe les ordres de la Iuftice, & qui dans fes recherches n'a point d'autre object que le bien public: C'eft elle qui nous a donné dans tous les fiecles ces illuftres conducteurs des Republiques, & ces glorieux Miniftres des Monarchies ; & pour ne point rappeller icy les Grecs ny les Romains, c'eſt elle qui rendit celebres dans les derniers temps ces deux Chanceliers d'Angleterre & de France, Bacon & de l'Hoſpital, dont les écrits ne ſeruent pas moins à l'inſtruction de leurs Succeſſeurs qu'à l'eterternité de leur reputation.

MAIS n'eſt-ce pas encore du ſein des Muſes que ſont ſortis les Conquerants & les veritables Heros? Il faut demeurer d'accord que ce ſont les Sciences qui par tout ont rendu les Peuples capables de vaincre, & que ceux qui les ont laiſſées déchcoir ont toûjours mis en peril leurs conqueſtes La ſuite des Hiſtoires en fait la preuue ; Elle nous enſeigne que les Sçauans Egyptiens auoient conquis l'Aſie ſous leur grand Seſoſtris, & que les Aſſyriens qui les en auoient chaſſez, n'en perdirent l'Empire que par la molleſſe de leurs derniers Princes, autant incompatible auec les Sciences qu'auec les Vertus ; Les Perſes mieux inſtruits par leurs Mages en furent les maîtres, & ne s'en virent dépoüillez que par les Grecs auſſi bons Philoſophes que grands Capitaines : Ceux-cy l'abandonnerent aux Romains quand les Sciences regnerent en Italie, & ſi-toſt qu'el-

SECTION V.

les y furent sans autorité, les Romains cede-
rent à la rage des Goths à qui l'ignorance
n'en laissa pas long-temps la possession : Et
i'ose aduancer que les anciens Gaulois qui
porterent leurs armes & leurs trophées iufque dans l'Asie où le party qu'ils tenoient.
estoit toûjours le victorieux, executerent ces
grands desseins autant par les lumieres qu'ils
deuoient à leurs Druides que par leur valeur.
Et si nous voyons des Peuples barbares &
sans discipline faire des conquestes, c'est seulement par le nombre qui peut accabler la
Vertu, ou pour mieux dire, c'est par les
mouuements de la Religion qui fait toute
leur Science, & qui par les erreurs inspire à
leur brutalité des effets semblables à ceux.
que les Sages feroient par la connoissance de.
la verité.

Et pour ceux qui commandent les armées,
où pourroient-ils prendre des lumieres necessaires pour conduire ces grands corps qui.
ne font presque animez que de la fureur,
pour former leurs entreprises, & pour ména-
ger les interests des vainqueurs & des vaincus ? Ils les doiuent aux bonnes lettres, & ne
les peuuent auoir d'ailleurs. C'est en cela.
que les fables s'accordent aux veritez.; Her-

cules a eu fa place fur le Parnaſſe, & ſe glo-
rifioit d'eſtre le Chef des Muſes ; auſſi quand
nous liſons que les chaînes d'or qui pen-
doient à ſa langue, attachoient à ſon ſeruice
plus de Gaulois qu'il n'en auoit ſubjuguez
par les armes, il faut comprendre qu'il fit
plus de conqueſtes par ſon eloquence que
par la force. Achilles ne fut nourry que de
moüelle de lions; c'eſt à dire, des maximes
de la Philoſophie que ſon gouuerneur Chiron
employa pour l'inſtruire en l'art de bien faire la guerre ; Alexandre apprit d'Ariſtote
qui le ſuiuit preſque par tout, les moyens qui
le rendirent maître de l'Vniuers ; & Ceſar
dans le Vaiſſeau des Pyrates qui le tenoient
captif, compoſoit les harangues qu'il deuoit
employer pour obtenir les Magiſtratures de
Rome, & n'interrompit iamais ſon étude
qu'il iugea neceſſaire à l'établiſſement de ſon
Empire. Les Hiſtoires peuuent fournir beaucoup d'exemples qui nous aſſurent de ces veritez ; mais ſans remonter dans les premiers
ſiecles, celuy qui conquit les Indes d'Occident, ne ſoumit à ſon pouuoir les Barbares
de ce païs, que par la connoiſſance qu'il eut
d'vne Eclypſe de Lune ; car les ayant mena-
cez de faire éteindre cét Aſtre au milieu du

Ciel, s'ils ne se rendoient, & s'estant per-
suadez que l'euenement qui suiuit cette menace, estoit l'effet d'vn don qu'il auoit de
faire des miracles, ils le respecterent comme
vn homme extraordinaire, & souffrirent
volontairement sa domination. Mustalzin
dernier Calyphe de Babylone, ayant fait
vne injure signalée à Nazaradin l'vn des plus
Sçauants de la Perse, connut par la perte de
sa vie & la ruine de son Estat, combien la
Science est à craindre quand elle est armée;
car Nazaradin quitant sa retraite, & passant
des meditations à la vie actiue, vint à la
Cour, se rendit agreable au Roy, luy con-
seilla la guerre contre Mustalzin, en prit la
conduite, le defit, abolit son Empire, & ce
Sçauant deuenu Guerrier executa ce que les
plus vaillants n'osoient entreprendre.

Que si l'on a veu quelquefois des Conquerants qui n'auoient rien donné de leur
premier âge au trauail des bonnes lettres, ce
sont des exemples rares, & qui ne font point
de regle; mais à dire le vray, ces grands
Genies n'estoient priuez que des principes
des Sciences qui n'occupent que les yeux &
la main, & qui ne sont que les moyens or-
dinaires pour apprendre; ils n'auoient pas
laissé

laiſſé de s'inſtruire par la conuerſation des
doctes , & par les reflexions qu'ils faiſoient
auec eux ſur leurs propres experiences ; &
ſans auoir cherché les Sciences dans l'im-
perfection de leurs commencemens , ils en
auoient trouué toutes les lumieres par vne
étude imperceptible ; ils n'auoient pas étu-
dié parmy la pouſſiere des Colleges & les foi-
bleſſes de l'enfance, mais ils s'eſtoient rendus
Sçauans dans le cours & la diſcipline des années.

Vn ſolitaire ſeroit peut-eſtre vn mauuais
Capitaine , s'il eſtoit tranſporté tout d'vn
coup dans vne armée , mais auſſi doit-on
confeſſer qu'vn ignorant n'eſt iamais vn fort
bon Chef : Vn vaillant qui ne ſçait rien ne
fera iamais de grandes choſes; c'eſt vne beſte
brute qui peut maſſacrer , mais qui ne ſçait
pas vaincre ; il ne peut aymer la Vertu dont
il n'a iamais oüy parler , & qui ne l'aime
pas ne peut rien faire pour elle. En vn mot,
vn Sçauant qui n'a point l'experience de la
guerre, pourroit en commandant faire quelques fautes ; & celuy qui ne ſçait rien que
par vne foible experience, ne peut iamais
bien commander : Il faut que la Science & la
valeur agiſſent enſemble, que l'vne enſeigne
à bien faire, & que l'autre faſſe bien, que la

C

lumiere de l'vne conduife les ardeurs de l'autre, & que le feu du cœur n'entreprenne rien qu'il ne foit éclairé des lumieres de l'efprit.

SECTION VI. QVE feruiroît neantmoins à ces grands Perfonnages de s'eftre confumez en faueur des peuples dans les foins d'vne heureufe Politique, & de s'eftre abandonnez aux trauaux des plus heroïques Vertus, fi leur gloire ne pouuoit s'eftendre plus loing que les yeux de ceux qui les ont veu naiftre & mourir, fi leurs noms demeuroient inconnus dans les tenebres de la fepulture? Ce feroit en vain qu'ils auroient tant fait pour la gloire, s'ils ne la pouuoient acquerir. Mais de qui pourroient-ils efperer cette noble & iufte récompenfe de leurs belles actions que de la liberalité des Mufes? Les Palmes qui ne font point foutenuës de leurs mains, ne fe peuuent ayfement efleuer vers le Ciel; & les lauriers qui ne font point arroufez de leurs eaux, deuiennent fecs en peu de temps: Ce font elles qui depofent le merite des Perfonnes illuftres entre les mains de la Renommée pour le porter iufqu'aux extremitez de l'Vniuers: Ce font elles qui feules ont droict

de difpenfer l'immortalité, & de l'accompa-
gner d'autant de reputation qu'il leur plaift:
Elles arrachent les Vertus à la cruauté de
l'enuie; elles les font paffer dans les fiecles
fuiuants pour y receuoir la veneration qui
leur eft deuë, & ne permettent point qu'elle
foit étoufée fous la cendre des monuments;
leur voix en peut animer le filence, & leurs
yeux en vont éclairer la nuiſt pour l'empêcher d'eftre iniurieufe à la memoire des Heros.

Combien les temps qui fe font écoulez deuant la naiffance d'Achille ont ils veu de
Conquerants qui nous font inconnus, parce
qu'il ne s'eft point rencontré de Sçauants
qui nous en ayent parlé? Combien les anciens Gaulois ont-ils nourry de grandes
ames toutes fages, toutes genereufes, que
les vains threfors de la terre n'ont pû char-
mer, que les molles voluptez des fens n'ont
pû feduire? Les Bardes qui furent leurs Poëtes en auoient bien compofé les Panegyri-
ques, mais parce qu'ils n'efcriuoient point,
la pofterité ne peut profiter de leur belle
vie, & mefme en ignore les noms: Et parce
qu'il s'eft rencontré quelques Sçauants qui
n'ont pû fouffrir que les hauts faits de Ta-

merlan ny ceux de Tlacaellec demeuraſſent enſeuelis dans vn eternel oubly, nous connoiſſons que ces deux grandes lumieres ont autrefois éclairé les Barbares du Leuant & du couchant. Combien les Peuples êloignez de noſtre commerce nous donneroient-ils d'autres objeẛts dignes de nos admirations, s'ils auoient conſerué des Eſprits capables de les eſcrire? On peut bannir les lettres de tout vn Royaume, mais on ne ſçauroit en bannir toutes les Vertus; la raiſon naturelle ne peut iamais s'êteindre entierement dans la barbarie; mais ce qu'elle fait de plus merueilleux, ſe perd inutilement ſi les lettres n'en conſeruent la memoire: L'hiſtoire eſcrit la verité des belles aẛtions, l'eloquence en perſuade le merite, la Poëſie les fait merueilleuſes, & les Muſes qui tiennent toute la Nature dans leur dependance, mettent en œuure les couleurs, les marbres & les metaux en faueur de ces ames heroïques, affin qu'vne infinité d'ouurages differents garde eternellement viſibles les caraẛteres de leurs viſages & les miracles de leur vie. Ainſi les Souuerains qui font fleurir les Sciences dans leurs Eſtats, ſe peuuent glorifier d'y maintenir le bel art que l'on a ſeul trouué capable

de faire reuiure ceux qui ne deuoient point
mourir, & de rendre immortels ceux qui
font dignes de ne mourir iamais: Et par ce
noble foing ils font juftice aux Heros qui
les ont deuancez, & conferuent des model-
les de perfection pour ceux qui viendront
apres eux.

ET c'eft auffi de la main des Mufes que la SECT. VII.
gloire eft répanduë fur tout vn Royau-
me; ce font les Sçauants qui font valoir toutes les merueilles qu'il produit, & qui foutien-
nent la fplendeur de fon nom contre les tenebres de l'ignorance & du temps: Ils pu-
blient tout ce que la Nature y fait de rare &
de curieux, & nous en dépeignent les chef-
d'œuures de l'art qui font paroître iufqu'où
vont les meditations de l'efprit humain:
C'eft par eux qu'vn Coloffe de bronze a rendu la Ville de Rhode fi celebre, & que la
fepulture de Maufole a glorifié le petit
Royaume de Lydie; & nous n'aurions pas
attendu fi tard à parler auec admiration des
Indes de l'Orient & de celles de l'Occident,
s'ils auoient eu quelques habiles Efcriuains
qui nous euffent pluftoft fait fçauoir leurs

richeſſes & leurs merueilles.

La perſonne des Sçauants eſt meſme ſeule vn aſſez grand motif de cette eſtime, ſans qu'il leur ſoit beſoin de parler ; l'Egypte a moins receu de gloire des hauts faits de ſes Princes que des hieroglyphes de ſes Preſtres ; la Grece doit toute la ſienne à ſes Philoſophes, & la vieille Gaule eſt encore fameuſe par ſes Druides. Vn ſeul homme de lettres peut honorer tout vn Païs ; on ſe vante de luy auoir donné la naiſſance, de l'auoir nourry, d'en auoir oüy les inſtructions, & d'en auoir receu l'eſprit en ſes derniers ſoûpirs. Sept Villes de Grece ont diſputé le berceau d'Homere, & la verité n'a pas voulu terminer leur querelle pour ne point faire honte à ſix d'entr'elles qui ne pouuoient ioüir de cét aduantage. Enfin vn petit coin de terre, vn petit hameau où vn illuſtre Sçauant aura paſſé quelques veilles, en tire vne longue & heureuſe reputation ; & le nom de Virgile donne encore en nos iours de la veneration pour vne petite cabane qu'il habitoit auprés de Mantouë, comme ſi c'eſtoit quelque lieu Sainct qu'vn Ange du Ciel eût honoré de ſa preſence. Que ſera-ce donc d'vn Royaume où mille Sçauants trauailleront à deterrer des doctrines dignes de la reuerence de l'antiquité, & qui découuriront tous les iours par leurs experiences des veritez nouuelles que les siecles precedents n'auoient pas seulement imaginées? Quels peuples en pourront dissimuler leur admiration, & quels temps en pourront arrester la renommée?

IL ne faut pas neantmoins se contenter de cette agreable pensée, & croire que les Muses ne fassent rien que du bruit capable seulement de plaire à l'oreille, & de flatter nos imaginations; elles nous ont bien apporté du Parnasse de plus grandes choses que des branches de laurier & des guirlandes de fleurs : Nous leur deuons le secours de toutes les necessitez de la vie, toutes les commoditez qui la rendent supportable, & tous les plaisirs innocents. On auroit bien perdu la raison si l'on se persuadoit que tous ces beaux arts qui se rencontrent dans les grandes societez auec autant d'auantage que d'etonnement, fussent les productions de ces pauures ignorants qui les exercent : Ces ames viles qui ne s'esleuent iamais au dessus de la matiere, & qui n'ont l'esprit que dans les mains, n'en ont iamais connu les principes, & ne pouuoient iamais inuenter ſes inſtru-ments dont la delicateſſe échappe à la veuë, & dont la force ne trouue point de reſiſten-ce ; ils n'en pouuoient regler la conduite ny leur donner vne perfection qu'ils ne ſont pas meſme capables de comprendre en y trauail-lant ; ils ſont comme des Eſclaues fidelles qui ſçauent bien executer ce que leur Maître leur ordonne, ſans penetrer neantmoins les ſecrets de ſon cabinet ; tout ce qu'ils font n'eſt deu qu'à la meditation des Sçauants; ſans leurs veilles heureuſes nous aurions en-core pour demeure les antres des foreſts, pour veſtements noſtre ſimple nudité ou tout au plus les feüilles des arbres, & pour aliments le laict & le miel de l'âge d'or des premiers Poëtes; les Eſtats les mieux policez ne ſeroient pas autrement que ces troupes deſordonnées de Sauuages que l'ignorance laiſſe en des habitations affreuſes ou ridicu-les, qui ne ſe deffendent des inclemences du Ciel qu'à l'exemple des animaux, & qui ne viuent que par les mouuements d'vne natu-re aueugle, ſans douceur, ſans ornement, parmy des incommoditez inceſſamment re-naiſſantes, & dans vne confuſion laborieuſe,

d'où

d'où le veritable repos & les contentemens
raisonnables ne peuuent approcher. Non,
non, sans les Sçauants nous n'aurions pas
les beautez de l'architecture, ces honnestes
ajustemens qui nous couurent auec autant de
grace que d'vtilité , ny ces ouurages de la
politesse qui charment tous les sens. Ce sont
eux qui nous ont appris les moyens de def-
fendre nos murailles, & de vaincre nos Ennemis en campagne ; ils ont fait ces machi-
nes qui nous rendent redoutables , ou qui
nous mettent en seureté, & celles-là mesme
qui font l'étonnement des theatres, & la ma-
gnificence des pompes publiques ; Et c'est
de leurs raisonnements que sont venus ces
verres ingenieux dont le secours nous fait
voir auec plaisir malgré la distance des lieux
presqu'infinis, des Astres nouueaux & des
mouuements incomprehensibles qui s'estoient
dérobez aux recherches d'Hiparchus, de Pto-
lomée, & de tous les curieux qui ont regar-
dé le Ciel depuis l'établissement du monde.
On peut dire aussi qu'ils nous ont donné
toutes les richesses des Nations les plus esloi-
gnées, leurs parfums, leurs remedes & tout
ce qu'elles ont d'vtile & de rare, puis qu'ils
nous ont appris à nauiger, non seulement

par la fabrique inconceuable des vaisseaux,
mais encore par l'application de la pierre d'aimant au pouuoir des Astres, cette
merueille des derniers temps qui fait connoître le Ciel malgré le voile des orages, & qui
marque vne route aussi certaine parmy les
vagues de la mer que sur l'immobilité de la
terre.

Ce Prince de Syracuse qui voulut sçauoir
combien l'artisan auoit meslé d'argent à l'or
de sa Couronne, & qui ne vouloit pas dê-
truire neantmoins vn si beau chef-d'œuure,
eût en vain consulté tous les Orfevres de
son siecle; Archimede fut seul capable d'en
découurir la fourbe par la force de ses de-
monstrations: Et pour appuyer cette verité sur
des preuues moins éclatantes, mais aussi fortes,
nous sçauons que le compas & la sie sont les
effets des subtiles pensées du ieune Talus; Et
nous n'aurions pas moins de connoissance de
tout ce qui sert au ministere des Arts, si
l'histoire n'auoit negligé de nous l'apprendre comme estant impossible d'en douter.
Que les peuples donc sont heureux quand
vn Monarque soûtient de ses soins & de son
autorité l'étude des bonnes lettres, qu'il fa-
uorise les autheurs de ces nouueautez vtiles

à leur contentement , qu'il les empéche de retomber dans les disgraces de l'enfance du monde , & qu'il les garantit de la necessité de viure comme des Barbares, c'est à dire en verité, comme les bestes brutes.

ET quand la renommée porte le merite & les inuentions des Sçauants parmy les voisins , & dans les Prouinces mesme les plus essoignées , le Royaume qui les a formez en reçoit beaucoup d'honneur & d'auantage ; On le considere comme l'Echole de la Nature humaine, le thresor des lumieres publiques , & le magazin des commoditez de tout le monde ; tous les Estrangers y courent en foule pour en emprunter les connoissances necessaires à l'instruction de leurs mœurs , à la satisfaction de leur esprit , & au soulagement de mille difficultez de la vie; ils se glorifient d'en auoir oüy les Philoso- phes, d'auoir esté charmez par l'eloquence de quelque Orateur celebre, & d'auoir veu seulement l'Autheur de quelque fameuse Poësie; ils ne se contentent pas d'auoir par le commerce vne infinité d'ouurages dont la fabrique ou l'vtilité les a surpris, ils en veu- lent connoître les inuenteurs & les premiers.

D ij

artifants. L'Italie fut autrefois le berceau des
Sciences, & tout enfemble le lieu de leur
triomphe; On n'eftimoit point vn homme
s'il n'auoit frequenté ces illuftres Vniuerfi-
tez dont elle eft pleine, la Nobleffe y paf-
foit de tous coftez pour s'inftruire aux principes de la politique & de la guerre; & l'on
y fait encore voyage tous les iours pour
apprendre la perfection des Arts dans la
conuerfation de ceux qui les pratiquent, &
dans les ruines de l'antiquité qui font dau-
tant plus pretieufes, que les reliques mefmes en paroiffent inimitables. On difoit autrefois que celuy qui vint exprés de bien
loing pour voir Tite-Liue auoit cherché
dans Rome quelque chofe de plus grand que
Rome; & ceux qui viennent dans vn Eftat
pour y conuerfer auec les Sçauants y trouuent quelque chofe de plus confiderable
que l'Eftat, puis qu'ils ny viendroient pas
autrement; Ils y font conduits par les em-
preffements d'vn defir honnefte; ils y demeurent parmy des admirations continuelles,
& s'en retournent auec vne extreme fatisfaction; ils en reçoiuent les belles connoif-
fances, & luy donnent mille benedictions;
ils en remportent les richeffes de l'efprit, &

ne plaignent iamais celles qu'ils font obligez
d'y laiffer par les befoins de la Nature, &
par le commerce de la focieté ciuile ; & comme
ils fe fentent infiniment redeuables au Prince
qui maintient ces graces publiques,& qui leur
donne la liberté d'y participer , ils en con-
çoiuent vne grande eftime , & l'obligation
de cette faueur les entretient dans vn refpect
qui leur eft prefque inuiolable.

CE fut donc par ces importantes confi- SECTION X.
derations, que les Sages Politiques de
Grece & d'Italie protegerent auec tant de
foing ceux qui s'appliquoient à la recherche
des Sciences & des Arts , comme les grands
Maîtres des Nations ; qu'ils fauoriferent les
differentes fectes des Sçauants,comme les con-
ftellations de la terre d'où fortoient les lumieres de la doctrine & les influences de la
vertu ; & qu'ils établirent tant de ieux publics, où les prix que l'on propofoit aux plus
habiles, eftoient pluftoft des aiguillons à bien
faire, que des recompenfes d'auoir bien fait.
Ce fut par de femblables motifs que tous les
Princes Chreftiens dés l'origine de leurs
Eftats, inftituerent tant de Profeffeurs publics
en tout genre d'erudition , tant d'illuftres

Communautez de personnes doctes, de Facultez & d'Vniuersitez comme les Seminaires des Prelats, des Capitaines, des Magistrats, & de tous ceux qui peuuent seruir au bien public par les efforts de leurs speculations, & par l'augmentation des beaux Arts ; & ce fut pour les encourager à bien faire qu'ils les ont gratifiez de plusieurs marques d'honneur, qu'ils les ont soustenus par des liberalitez royales, & qu'ils les ont distinguez du reste de leurs sujets par des priuileges dignes de ceux qui les donnoient, & dont ceux qui les receuoient, n'estoient pas indignes.

SECTION XI. MAIS ceux qui se trouuent engagez à cette necessité d'instruire le public, ces doctes Maîtres en tant de differentes Facultez, se sont relâchez en deux choses qui nuisent au progrez des Sciences, & qui les ont presque toutes defigurées. La premiere est, qu'ils s'attachent opiniastrement aux maximes que les anciens ont laissées dans leurs escrits, & se persuadant qu'ils ont la certitude de toutes les veritez, ils ne veulent rien chercher au-delà. Ils condamnent tout ce qui ne s'accorde pas à leurs principes ; ils prononcent anatheme contre tous ceux qui les contredifent, & de quelques demonftrations dont les nouueautez puiffent eftre appuyées, de quelques experiences dont les vieilles erreurs foient confonduës, il fuffit qu'vne propofition leur foit nouuelle pour eftre rejettée ; les meditations des Studieux qui reffufcitent ce que l'abyfme des fiecles tenoit enfeuely, ne font à leur iugement que des rêueries : Ceux qui veulent accommoder l'eloquence à nos mœurs & à l'vfage de noftre fiecle, paffent deuant eux pour des ignorants en l'art de bien dire ; fi quelqu'vn veut reftituer l'artifice des anciens Poëtes que l'on auoit méprifé par negligence ou par vn aueuglement volontaire, ils le regardent comme vn Nouateur dangereux au repos de tout le Parnaffe ; & ceux qui percent le fein de la Nature pour nous en tirer des miracles inconnus, leur deuiennent infupportables, tant ils fe plaifent à fermer les yeux aux veritez qu'ils n'ont point encore enuifagées.

PEVT-ESTRE qu'auec le temps la perfeuerance des curieux pourroit furmonter cét obftacle, mais ces maiftres du

SECT. XII

public en forment vn autre qui n'eſt pas
moins facheux ; ils ſe ſont tellement con-
tentez de la doctrine, qu'ils ont abandon-
né la politeſſe du langage ; ils ſeparent l'e-
loquence de la Philoſophie , & ne croient
point que les belles paroles puiſſent entrer
en commerce auec les belles connoiſſances ;
Ils ont introduit des expreſſions, neceſſaires
en quelque ſorte a l'intelligence & au diſ-
cernement des choſes , mais ſi dures & ſi
mal propres aux conuerſations du beau
monde , qu'il eſt preſque impoſſible de les
employer ſans paſſer pour vn Barbare ; &
quand ceux qui ſont nourris dans la Cour,
& qui profeſſent vne erudition plus agreable, en veulent adoucir les rudéſſes & parler
d'vne maniere plus humaine, ils s'eſcrient
que c'eſt profaner le ſanctuaire des Muſes.
Si bien que ne voulant point renoncer à la
ruſticité de leur ſolitude, ils ont fait perdre aux Sciences tous leurs ornements , ils
ont caché toutes leurs graces ſous le maſ-
que de mille termes inconnus & bigearres,
& le dégouſt qu'elles en donnent en cét
eſtat , les rend mépriſables à ceux qui n'en
connoiſſent pas la beauté , comme ſi l'on
ne pouuoit eſtre ſçauant ſans la contagion

de

de cette nouuelle Barbarie.

A CE grand mal on n'a point apporté Sect. XIII. de remede plus conuenable & plus honnête que d'établir des compagnies de personnes libres & détachées de l'obligation d'instruïre le public, qui vouluffent ioindre enfemble leur étude & leur trauail pour la restauration des belles lettres, pour remettre en vfage les graces de l'éloquence & releuer la majefté de la Poëfie ; pour rechercher dans les reftes de l'antiquité ce qui s'eft égaré par le temps , & nous deuoiler les myfteres de la nature ; pour enrichir leur fiecle de quelque nouuelle connoiffance, & donner a la pofterité le defir de mieux faire par les commencements de quelques merueilles. Les Princes d'Italie fe font employez les premiers à ce grand œuure par l'établiffement de ces affemblées de Sçauants qu'ils nomment Academies, comme autre-fois Platon appella ceux qui s'eftoient vnis pour la deffenfe de fa doctrine, & comme Ciceron nomma l'affemblée de fes amis qui fe trouuoient affez fouuent dans fa maifon pour conferer fur les plus notables queftions de la Philofophie. Il eftoit certes bien rai-

fonnable que la refurrection des Sciences fe
fit au mefme lieu qui les auoit laiffé mourir,& que leur fepulture deuint pour elles vn
fecond berceau: Mais l'Angleterre les a depuis peu de iours heureufement imitées par
cette Societé Royale qui donne de la ialou-
fie à tous les Souuerains de l'Europe, dont
le Roy de la grande Bretagne s'eft fait le
chef, qui l'honore ordinairement de fa pre-
fence, & qui tire de fon épargne le fond
neceffaire aux rares experiences qui s'y font:
Et ': feu Roy Loüis le Iufte d'heureufe memoire auoit commencé deuant luy par l'in-
ftitution de l'Academie Françoife qui monftre affez combien ces illuftres Compagnies
font vtiles ; car nous deuons aux foings de
ces excellents Perfonnages qui la compofent,
la conferuation de noftre Langue & mefme
fa perfection; Elle s'eftoit à la verité bien
efleuée depuis le dernier Siecle, mais elle
n'eût pas efté bien loing fans retomber en
des corruptions auffi dangereufes que celles
dont elle venoit de fe deliurer ; ils l'ont
foûtenuë dans fon progrez & porté fes
graces & fa gloire au poinct où nous la
voyons maintenant: Et fi d'autres Sçauants
ont contribué par leurs difcours & par leurs

efcrits à l'auancement d'vn fi bel ouurage,
i'ofe dire que nous en auons prefque toute
l'obligation à cette elegante Academie ; car
on la regardée comme vn tribunal éclairé,
feuere & iudicieux, dont la cenfure ne deuoit pas eftre negligée , & l'on a crû qu'il
falloit eftre d'accord auec elle pour eftre
d'accord auec la raifon.

MAIS, SIRE, vne Academie fuffira- SECT. XIV.
t'elle pour vn grand Royaume ? Fau-
dra t'il fe contenter de parler François , & la
beauté de la langue fera-t'elle le feul object
de noftre étude ? Les Mufes ont beaucoup
d'autres occupations dignes des perfonnes de
merite & d'erudition ; les Sciences ont d'autres ennemis à combattre que la barbarie,
& d'autres aduantages à chercher que la pu-
reté des paroles. Rome dans fa vieilleffe &
parmy les ruines où l'injure des âges l'a preci-
pitée, a pû former encor plufieurs Academies toutes fameufes ; Florence qui dans fa
fplendeur ne peut difputer à Rome la Nobleffe
ny l'étenduë, en a quatre où le grand Duc ne
dêdaigne point d'oüir les beaux ouurages qui
s'y lifent, pour témoigner l'eftime qu'il en
fait, & ne fe pas dérober à luy-mefme le

plaifir qu'il en reçoit ; & toutes les autres Villes d'Italie à qui les lettres ont donné quelque renom, les ont fuiuies en ce loüable deffein , bien qu'elles n'en égalent pas la puiffance. Quel reproche donc, SIRE, feroit-ce à la France, fi la Ville de Paris fi grande en fon étenduë, fi nombreufe d'habitans & remplie de tant de merueilles , ne pouuoit fournir affez de Sçauans pour compofer deux Academies de Perfonnes de lettres? Que penferoit-on d'vn Royaume fi floriffant ? Ie veux que tous ceux qui compofent la premiere, foient des plus confiderables en la connoiffance des belles lettres felon la difference de leur genie & de leur trauail ; Ie veux que la France ait de la peine d'en trouuer qui les furpaffe, mais ils me permettront de dire à V. M. qu'elle en a beaucoup d'autres qui peuuent aller affez loing pour acquerir de l'eftime : Vne Compagnie de quarante perfonnes ne l'a pas épuifée d'Orateurs , de Poëtes, de Philofophes , de Mathematiciens ; Paris en a mille, & voftre Royaume en pourroit faire des armées : Vos liberalitez, SIRE, en ont trouué beaucoup que l'on ne connoiffoit pas ; la bonté de vos foins en fait paroître tous les iours qui fe tenoient cachez , & le

feul defir de plaire à V. M. en fait leuer vne
infinité comme des Aftres qui nous éclairent
de toutes parts. Les Mufes ne limiterent iamais le nombre de leurs fauoris ; Elles ne
mettent point de bornes à leurs dons , &
fouuent vn Solitaire enuelopé des tenebres
de la mauuaife fortune, en reçoit plus de graces que ceux qui font grand bruit fur le
theatre du monde , & qui font comblez de
la faueur des Souuerains

C'Eſt donc à l'auantage de voſtre Royau- SECT. XV.
me, SIRE, &à la gloire de V. M. que
nous la ſupplions tres-humblement de nous
accorder l'honneur de fa protection & les
caracteres de fon autorité, pour établir en
Academie Royale les conferences que nous
auons continuées depuis deux ans dans vne
mutuelle communication de nos êtudes; elles
nous ont fait connoître la grandeur & l'vtilité de ce deſſein ; elles nous ont feruy d'é-
preuue à nos forces, & nous ont confirmez
dans l'efperance de pouuoir quelque iour fa-
tisfaire à ce que le public en peut fouhaiter.
Nous ne voulons pas dire que cette Compagnie a des Efprits auſſi noblement paſſion-
nez pour les bonnes lettres que le reſte d
E iij

voſtre Eſtat, Sçauants dans les ſecrets de la nature, capables de trauailler à l'augmentation des beaux Arts, ſignalez par des eſcrits doctes & curieux, attachez à l'amour de la veritable eloquence, animez des ardeurs de la belle poëſie, conſommez dans les hiſtoires de tous les peuples; mais nous pouuons aſſurer V. M. qu'ils ne ſont pas indignes d'eſtre les puiſnez de l'Academie Françoiſe, & qu'ils iuſtifieront à tout le monde qu'elle ne renferme pas tous les Sçauans de vos Prouinces. Et quand nous n'aurions pas maintenant dequoy nous égaler à ces excellens Maîtres de noſtre Langue, que ne pouuons nous point eſperer quand nos trauaux auront eſté communs dans l'eſpace de rrente années, quand nous aurons mis en ſocieté nos meditations, nos recherches, nos veilles, nos efforts, & quand nous ſerons pleins des ſaintes ardeurs que les regards fauorables de V. M. nous inſpireront, & que noſtre zele empêchera d'eſtre iamais oyſiues & languiſſantes? Il n'eſt pas des lumieres de l'ame comme de celles des corps naturels; en vain toutes les êtoilles du Ciel s'vniroient enſemble pour égaler les ſplendeurs du Soleil; & quand elles le pourroient

faire, ce ne feroit que pour vn moment; elles
retourneroient à leur premiere foibleſſe en ſe
ſeparant : Mais les Eſprits éclairez des diuer-
ſes connoiſſances ſe rendent ſi parfaits en ſe
les communiquant, que ſans rien dérober
aux autres, ils deuiennent tous comme des
Soleils éclatants ſur le Parnaſſe, & ne retom-
bent plus dans leurs premieres obſcuritez.
Nous nous preſterons l'vn à l'autre nos lumieres ſans enuie, comme nous auons dêja
commencé ; & nous enrichiſſants du bien
d'autruy ſans faire tort à perſonne, nous ſerons preſque tous ſemblables ; les éclairs de
nos études ſe multiplieront de iour en iour,
& donneront au public des ouurages que
V. M. n'aura pas deſagreables, & que peut-
eſtre nous aurions eu peine d'entreprendre
ſans le ſecours reciproque de cette loüable
Societé.

L'ACADEMIE Françoiſe nous encou-   Sᴇᴄᴛ. XVI
ragera meſme à bien faire, & nous pouuons dire que nous l'encouragerons auſſi ;
Oüy, SIRE, plus voſtre bonté Royale éta-
blira de pareilles Academies, plus on verra
les Sciences germer en voſtre Eſtat, plus elles
croiſtront, plus elles fructifieront & plus V. M.

en receura de contentement & de gloire.

Il n'eſt pas nouueau de dire que l'emulation nourrit les beaux Arts ; c'eſt vne
bonne mere qui leur donne la naiſſance & la
perfection ; elle ne les entretient pas ſeulement de laict au berceau, elle les ſoûtient
par des aliments plus ſolides dans l'auancement de leur âge ; elle ne ſouffre pas qu'ils
demeurent dans vne enfance foible & deli-
cate, elle en fait des Geants d'vne grandeur
ſurprenante & d'vne force inuincible. Non,
non, les Muſes ne manquent iamais de mul-
tiplier leurs dons & d'en augmenter la gloire,
que dans les lieux où leur beauté ne donne
point de riuaux à ceux qui les ayment: Cette
honnête ialouſie les rend tous plus ſoigneux
& plus capables de leur plaire, & l'amour
qu'ils ont pour elles, en deuient toûjours plus
ardent & plus efficace. Athenes a veu regner
en meſme temps au milieu de ſon ſein ſoixan-
te & douze Sectes de Philoſophes qui ne s'é-
chaufoient à la recherche de la verité, que
par la crainte de laiſſer aux autres l'honneur
de l'auoir trouuée ; & la poſterité n'auroit
point trauaillé pour adjoûter aux inuentions
des premiers Sçauants, ſi l'emulation ne les
auoit animez du deſir d'en ſurpaſſer les
meditations

meditations & les ouurages. Quand celuy
qui court dans la lyce se trouue seul, il ne se
haste pas d'arriuer au but pour cueillir la pal-
me qui l'attend, & que personne ne luy sçau-
roit plus rauir; mais quand a ses costez il ap-
perçoit vn Antagoniste qui le presse, il re-
double ses efforts, & precipite sa course pour
ne pas perdre le fruit de sa peine. Ainsi celuy
qui monte sur le Parnasse, ne marche qu'à pas
comptez, si personne ne le deuance ou ne le
suit ; mais dessors qu'il en voit d'autres dans
la mesme route, il court, il s'échauffe, &
n'a plus de moderation dans sa vitesse ; il ne
fait point de mal à ceux qui tiennent le mesme chemin, mais il croit que c'est vn grand
mal pour luy, s'il ne s'esleue plus haut qu'eux.
Enfin les Sçauants sont toûjours pressez d'vn
loüable desir de mieux faire quand ils veulent aller plus loing que ceux qui les prece-
dent, ou ne se pas trouuer derriere ceux qui
les suiuent ; Et c'est ce qui donna subject a
l'institution de ces ieux publics de Musique
& de Poësie, qui s'exercent depuis long-temps
en plusieurs Villes de ce Royaume auec des
prix assez nobles pour exciter dans vne ame
genereuse la passion de les meriter, quoy
qu'ils ne soient pas assez grands pour irriter

l'auarice des cœurs lâchement intereſſez. Auſſi les Muſes n'ont pas accoûtumé d'agir par
des ſentimens ſi peu dignes de leur diuinité ,
de courir apres de legeres gratifications , ny
de ſe couronner d'or & d'argent ; & les Republiques de Grece qui connoiſſoient bien
leur excellence , ne propoſoient ordinairement en toutes ces diſputes d'eſprit & d'a-
dreſſe que de ſimples couronnes de fuëillages,
eſtimant, que c'eſtoit aſſez pour honorer les
vainqueurs dont la plus grande recompenſe
eſt d'auoir vaincu. Nous pretendons neantmoins, S I R E , diſputer à ces illuſtres Sçauants de l'Academie Françoiſe vn prix infiniment plus eſtimable que les lauriers & les
cheſnes des ſiecles paſſez , & plus deſirable
que toutes les richeſſes de la terre ; & ſans
nous expliquer autrement , il eſt facile de
comprendre que c'eſt l'eſtime de V. M. Nous
ne leur enuions point les auantages & toutes les faueurs dont vos mains liberales peuuent les auoir comblez , mais nous nous ef-
forcerons de meriter la glorieuſe eſtime qu'-
elle peut leur auoir donnée ; Nous les irons
combatre iuſque dans voſtre Eſprit , & nous
remporterons ſur eux , s'il eſt poſſible , les
plus fauorables penſées dont vous honorez

Ies Sçauants; Nous trauaillerons auec tant de
zele, & nous aurons tant de foin de plaire à
V. M. que fi nous n'en pouuons obtenir la
preference, nous la mettrons au moins en
doute du iugement qu'elle en doit faire. Il
ne faut point qu'ils fe flattent des preuues
qu'ils ont données de leur merite, ny qu'ils
prennent trop de confiance au priuilege de
leur origine qui les a faits nos aifnez ; nous
les engagerons à plus qu'ils n'ont iamais fait,
& à fe foûtenir fur leur capacité, & non pas
fur l'ordre du temps ; il faudra qu'ils dé-
ployent toutes leurs forces, & qu'ils faffent
briller toutes leurs lumieres; Nous les ioin-
drons de fi prés, qu'ils feront obligez de re-
doubler leur viteffe, & de faire voir qu'ils
ont encore plus d'erudition que l'on ne pen-
fe, & qu'ils ne penfent, peut-eftre, eux-
mefmes. Nous aurons toûjours du refpect
pour eux, & nous ne leur fouhaiterons iamais que des profperitez ; mais leur merite
leur fera, peut-eftre, affez de mal pour en ap-
prehender l'effect ; car plus ils aduanceront
dans la lyce, plus ils nous exciteront à les
paffer ; plus ils feront paroître de doctrine
& d'eloquence, plus nous ferons d'effort
pour en acquerir dauantage ; & le feu qui

leur échaufera le fein, allumera des embra-
fements dans le noftre ; enfin fi nous ne pouuons obtenir la fatisfaction de les vaincre,
nous aurons l'honneur de leur auoir donné la
crainte d'eftre vaincus. Et voyez, SIRE, ce
que V. M. peut attendre du champ de gloire où ces deux Academies combattront, du
prix incomparable qui doit animer leur cou-
rage, & des loüables moyens qu'ils emploi-
ront pour le remporter.

SECT. XVII, VOSTRE MAIESTE' fe peut encore promettre que par l'étude affidu
de ces differentes Academies, & par l'ardeur
de cette vertueufe emulation, Voftre Royaume fera naiftre vn grand nombre de Sçauants
qui nous rêrabliront des veritez rui-
nées par la fureur du temps, & qui ne permettront pas que de nouuelles erreurs s'êle-
uent dans noftre fiecle pour infecter enfuite
toute la pofterité. L'infufifance des Efcriuains,
ou le peu de foin qu'ils ont eu de s'inftruire de
la certitude des chofes, leur a donné lieu de
faire affez fouuent de fauffes démarches, &
le public s'eft veu remply d'vne infinité d'o-
pinions erronées par la deference que l'on
auoit pour ceux que la reputation erigeoit

en grands maîtres des autres. Les âges fuiuants font mefme demeurez long-temps
aueuglez des tenebres d'vne groffiere ignorance, iufqu'à tant qu'ils ayent efté détrom-
pez par quelque auenture impreueuë, ou par
les recherches d'autres plus aduifez qui crai-
gnoient de trop croire fur la foy d'autruy.
Combien de Naturaliftes ont êcrit que le
diamant ne fe peut tailler qu'auec le fang du
bouc, fans qu'il puiffe eftre brifé fous le
marteau, & combien de fois a-t'on confide-
ré cette fauffeté comme vn miracle? Combien
de Philofophes, d'Hiftoriens, d'Orateurs,
de Poëtes nous ont dit comme vne verité certaine, que cet efpace de terre qui fait
le milieu du monde, eftoit brûlé d'vne fi
violente ardeur du Soleil, qu'il eftoit in-
habitable & tout fterile ? Et combien de
fois à t'on fremy à la penfée d'y faire voyage ? A-t'on pas veu neantmoins par des
experiences infaillibles que le diamant ne
peut refifter à la force & au poids du fer?
Et ne fçait-on pas que ce qu'ils ont autre-
fois nommé Zone torride, eft la region du
monde la plus temperée, la plus douce &
la plus fertile ? Ce defordre n'eft pas moins
frequent ny moins fâcheux dans les genea-

logies des Princes, & dans les éuenemens de l'Hiftoire. La negligence de quelques Auteurs nous a laiffé long-temps dans la croyance, que la feconde race de nos Souuerains ne s'eftoit établie dans le thrône que par vne autorité mendiée, & que le Chef de la troifiéme eftoit defcendu de la Maifon de Saxe, dont prefque tous les Princes de l'Europe fe glorifient d'eftre iffus : Mais les Sçauants en ont fi bien remis au iour la verité, que perfonne n'eft plus capable maintenant d'eftre abufé par ces impoftures. Et n'en arriue-t'il pas autant dans les Sciences de politeffe ? Combien d'erreurs contre les bonnes regles de l'eloquence & de la Poëfie, ont corrompu les opinions du peuple, & porté leur contagion iufque dans la Cour, parce qu'en trouuant le mal agreable on en refufoit le remede ? Combien d'Auteurs ont receu des applaudiffemens fous la feule foy de leur nom, parce qu'ayant fait vn peu de bruit par quelque petit talent capable de plaire, la preuention nous perfuadoit qu'ils ne pouuoient faire que des miracles ? Et combien d'ouurages ont paru quelquefois fi brillants d'vne fauffe reputation, que les taches en ont efté prifes pour des eftoilles, & que les fautes en font prefque

deuenuës dignes d'eſtre imitées. Mais quand
on aura beaucoup de perſonnes d'eſprit &
de ſçauoir attachées par obligation d'honneur
à l'étude de la verité, le public ne ſe trou-
uera plus ſurpris de pareilles fauſſetez, ny
dans les effets de la nature, ny dans les rela-
tions de l'hiſtoire, ny dans les ingenieuſes
galanteries du Parnaſſe, & ce que les vns n'aù-
ront pas veu, ſe découurira bien-toſt par le
ſoin des autres. La nuiɛt ne ſçauroit durer
quand il ſe trouue beaucoup de lumieres en
eſtat de l'éclairer; & ſans attendre le ſecours de
la poſterité, nous aurons les Sciences toutes
épurées. Quand les ſubtils Allegoriques nous
ont repreſenté le Parnaſſe tout couuert de lauriers, c'eſtoit moins pour donner dequoy
faire des Couronnes à ceux qui le frequen-
tent que pour nous expliquer ce myſtere; car
c'eſt pour nous faire entendre, que comme
les branches de ces arbres venant à ſe tou-
cher auec vn peu de violence, font ſortir au
dehors la lumiere auec le feu qu'ils tenoient
caché, ainſi les opinions oppoſées des Sçauants, ce choc inuiſible de leurs eſprits fait
toûjours paroître des ſplendeurs nouuelles
qui diſſipent les tenebres publiques, & des
ardeurs inconnuës qui raniment tous les au-

tres d'vn puiſſant amour pour les ſciences les plus curieuſes & iamais en ces doctes conteſtations le Parnaſſe n'eſt ému que de ioye; ce ſont des guerres innocentes , où les armes ne ſont iamais enſanglantées ny la victoire mal-heureuſe, & les Muſes en tirent leur plus grande gloire. Quand on diſpute ſur la pretenſion de quelques richeſſes ou de quelque honneur du monde , le vainqueur ne peut iamais rien gagner que le vaincu ne perde autant ; mais quand il ne s'agit que de la verité , celuy qui remporte l'auantage n'acquiert rien de nouueau , puis qu'il la poſſedoit ; & le vaincu ny perd que ſon ignorance qui n'eſtoit rien qu'vn grand mal , & gagne des connoiſſances qui ne luy ſont point enuiées. Il n'appartient qu'aux oyſeaux de mauuais augure & aux beſtes farouches de ſe fâcher quand le iour vient , & les graces, de la verité ne ſont odieuſes qu'à ceux qui profitent du menſonge.

Sᴇᴄᴛ. XVIII. C'EST donc, SIRE, par ces differéntes Societez de perſonnes de Lettres, que V. M. regnera ſur le Parnaſſe François, auec autant de droit & d'autorité que ſur les Prouinces de voſtre heritage , & que vous ſerez ſeul

feul l'Hercule Mufagette, c'eft à dire, le fouue-
rain conducteur des Mufes : Vous mettrez ces
belles Filles du Ciel dans vne fplendeur qu'elles
n'ont iamais eüe ; voftre Regne leur fournira
les plus illuftres fujets de leurs trauaux ; vous
les maintiendrez dans la liberté d'êcrire les
grandes veritez & d'arrefter le cours des impoftures ; vous donnerez la lumiere aux fiecles paffez, & deuiendrez le Soleil de toute
la pofterité. Les fables ont fait grand bruit
d'vn Monftre qui durant plufieurs années
ietta la defolation dans le Royaume de The-
bes, en faifant mourir ceux qui ne pouuoient
comprendre les difcours enigmatiques qu'il
propofoit, & qui ceffa de viure auffi-toft
qu'ils furent expliquez. Si nous en croyons
le docte Cebes, c'eftoit vn portrait ingenieux de l'ignorance qui perit auffi-toft que
fes obfcuritez font éclairées, & qui fait pe-
rir ceux qui ne s'en peuuent dégager, non
pas de la mort du corps, mais de celle de
l'efprit dont la vie n'eft que lumiere. Acheuez,
SIRE, au milieu de vos grandes occupations
la défaite de ce monftre, s'il eft encore en
quelque endroit de vos Eftats ; employez vôtre bonté Royale, affin que les tenebres dans

lefquelles feulement il peut viure, foient entierement diffipées; faites qu'il y meure fans iamais renaître; & fi les foins de V. M. qui donne la folde à tant de doctes & genereux com-
battants pour le pourfuiure, l'en ont fait for-
tir, commandez leur d'eftre inceffamment en
garde pour empêcher fon retour; ne laiffez
point d'afyle à l'ignorance parmy tant de Sçauants qui viuent à l'ombre de voftre Couronne, ou monftrez qu'elle n'y peut iamais rentrer
fans perdre la vie. Mais faites-nous la grace,
SIRE, comme nous en fupplions tres-humblement V. M. que nous foyons du nombre de ceux qui font obligez d'eftre toûjours
armez pour vn fi noble deffein; & qu'en for-
mant vn nouueau corps de milice fous les
heureux aufpices de voftre Nom, nous puif-
fions d'vn même tranfport annoncer à toute la
terre les lumieres de voftre Efprit, les fenti-
mens de voftre Cœur, la fageffe de voftre Conduite, la juftice de vos Deffeins, la grandeur de
vôtre Puiffance, & la gloire de voftre Regne,
& témoigner inceffamment & par tout, que
nous fommes attachez au feruice de V. M.
par les refpects d'vne parfaite foûmiffion,
par les deuoirs d'vne obeïffance indifpenfa-

ble , par les ardeurs d'vne affection sans re-
serue , & par les serments d'vne inuiolable
fidelité.

F I N.

EXTRAIT DV PRIVILEGE
du Roy.

PAR Grace & Priuilege du Roy, donné à Paris
le 15. Ianuier 1656. Signé SEBERET, il est
permis au Sieur FRANÇOIS HEDELIN Prestre,
Docteur en Droict Canon , nostre Conseiller, Au-
mônier & Predicateur ordinaire, Abbé d'Aubignac,
de faire imprimer , vendre & debiter, *Le Discours au
Roy sur l'établissement d'vne seconde Academie dans la Ville
de Paris* , pendant le temps de cinq ans , à commencer du iour que ledit *Discours* sera acheué d'imprimer ; Et deffenses sont faites à tous autres de l'imprimer ou faire imprimer , à peine de quinze cens
liures d'amende, confiscation des Exemplaires , &
de tous dépens, dommages, & interests, comme il
est plus amplement porté par lesdites Lettres.

Registré sur le Liure de la Communauté, le 26. Ianuier 1656.
Signé BALLARD, Syndic.

Et ledit Sieur Abbé d'Aubignac, a cedé & transporté le droict de son Priuilege, à Iacques du Brueil & Pierre Collet, Marchands Libraires à Paris, pour l'imprimer, suiuant l'accord fait entr'eux.

Acheué d'imprimer pour la premiere fois le 3. iour de Decembre 1664.